RÉPERTOIRE
POPULAIRE
DU
Théâtre Français.

CHARLES IX,
OU LA SAINT-BARTHÉLEMY,
TRAGÉDIE EN 5 ACTES DE CHÉNIER.

2e ÉDITION.

3me Livraison.

PARIS,

DÉSAUGES, RUE JACOB, N. 5;
ES, RUE DE VAUGIRARD, N. 17.

1826.

RÉPERTOIRE

POPULAIRE

DU

Théâtre-Français.

Publié par pièces détachées, format in-32.

PROSPECTUS.

C'est toujours par leur utilité qu'il faut juger, apprécier les entreprises de librairie ; et c'est aussi ce qui détermine leur succès. Ce premier avantage, si précieux, ne saurait être contesté au *Répertoire populaire* que nous publions. Quoi de plus nécessaire, en effet, à une époque où le goût du spectacle se trouve si généralement répandu, que de reproduire, de multiplier les chefs-d'œuvre qui honorent le plus la scène française, et qui, parvenus jusqu'à nous au milieu des applaudissemens de la postérité, ou dus à des auteurs contemporains, et représentés chaque jour, savent tour à tour intéresser notre ame, plaire à notre esprit, charmer nos loisirs ? Mais le vrai moyen de propager les bons ouvrages, est d'en rendre le prix accessible à toutes les fortunes et pour toutes les classes de lecteurs. C'est encore le but que nous nous sommes proposé, celui que nous croyons avoir atteint, et duquel ceux qui nous ont précédés dans des publications semblables paraissent s'être trop éloignés. Il existe plusieurs Répertoires du Théâtre-Français ; mais les éditeurs de ces collections volumineuses ont plutôt songé à faire des éditions de luxe, qui ne peuvent trouver place que dans de riches bibliothèques, et dont le prix élevé en permet l'acquisition à peu de gens instruits, qu'à rendre, ainsi que nous croyons l'avoir fait, un véritable service aux lettres, et surtout à la littérature dramatique. Aussi leurs vastes Répertoires, surchargés, encombrés de notes et de commentaires, qui servent plus à défigurer le texte qu'à l'éclaircir, sont-ils épars dans peu de mains. C'est sous un aspect tout différent que se présente notre *Répertoire populaire*. Nous avons pensé que l'essentiel était d'offrir à nos lecteurs l'ouvrage *seul* de l'auteur, et tel qu'il l'a composé, tel qu'il est représenté sur le théâtre, de manière à ce que, le livre à la main, chaque spectateur puisse suivre l'acteur pendant tout le cours de la représentation. Nous avons cru aussi devoir donner à notre Répertoire un dernier genre d'utilité, qui n'est pas à négliger dans de pareilles entreprises, la petitesse du format, qui laisse la facilité de porter partout avec soi la pièce qu'on va voir jouer ou que l'on veut lire. Enfin, le prix de chaque pièce a été fixé par nous au taux le plus modéré, bien que nous n'ayons pas hésité à faire tous les sacrifices pour que la beauté du papier et la netteté de l'exécution typographique répondissent à l'attente de nos souscripteurs.

CONDITIONS.

Il paraîtra tous les lundis une pièce dont le prix est fixé à 25 centimes.

ON SOUSCRIT CHEZ :

ACHILLE DÉSAUGES, rue Jacob, n. 5.
BAUDOUIN FRÈRES, rue de Vaugirard, n. 17.
PONTHIEU, Palais-Royal, galerie de bois.

En vente.

TARTUFE, comédie en 5 actes, de Molière.
LE FANATISME, tragédie en 5 actes, de Voltaire.

Sous presse.

CHARLES IX, tragédie en 5 actes de Chénier.
LE MARIAGE DE FIGARO, comédie en 5 actes, de Beaumarchais.
POLYEUCTE, tragédie en 5 actes, de P. Corneille.

IMPRIMERIE DE H. FOURNIER, RUE DE SEINE, N° 14.

L'HÔPITAL.

Déjà la douzième heure assemblait les ténèbres ;
L'astre des nuits, perçant des nuages funèbres,
Dispensant à regret une morne clarté,
Roulait au haut des cieux son disque ensanglanté ;
Tout dormait : vos amis, bercés par l'espérance,
Et commençant à croire au bonheur de la France,
Bénissaient le sommeil et la paix de retour ;
Mais le crime veillait au milieu de la cour.
Aux accens de l'airain sonnant les homicides,
Vomis par ce palais, des courtisans perfides,
Un poignard à la main, promènent le trépas,
Et scellent les traités par des assassinats.
On entend retentir ces clameurs fanatiques :
« Obéissez au roi ; frappez les hérétiques. »
A ce signal d'horreur on voit les conjurés,
Respirant la vengeance et de sang altérés,
Courir en foule au crime où Guise les entraîne :
Les prêtres, plus cruels, sur les pas de Lorraine,
Tenant le bois sacré dans leurs profanes mains,
Encouragent au meurtre un peuple d'assassins ;
Charles goûte à longs traits un plaisir sanguinaire,
Et cherche son devoir dans les yeux de sa mère.
C'est ici, près de nous, que le roi des Français
Sous le plomb destructeur fait tomber ses sujets :
Médicis, le front calme, applaudit à ses crimes,
Exalte son adresse, et compte ses victimes.
Au milieu des poignards, des flambeaux, des débris,
Des membres dispersés, des feux, du sang, des cris,
Vous eussiez vu tomber ces fils de la patrie
Dont trente ans de combats ont respecté la vie ;
Malgré ses cheveux blancs le vieillard immolé ;
Après de longs efforts le jeune homme accablé,
Qui de son corps mourant protége encore un père :
L'enfant même égorgé sur le sein de sa mère ;
Les uns percés de coups au moment du réveil ;
Les autres, plus heureux, frappés dans leur sommeil ;
Les époux massacrés dans les bras de leurs femmes ;

CHARLES IX,

OU

A SAINT-BARTHÉLEMI.

TRAGÉDIE EN CINQ ACTES,

PAR CHÉNIER.

(1789)

PERSONNAGES.

CHARLES IX, roi de France.
CATHERINE DE MÉDICIS, mère de Charles IX.
HENRI DE BOURBON, roi de Navarre.
LE CARDINAL DE LORRAINE.
LE DUC DE GUISE.
L'AMIRAL DE COLIGNI.
LE CHANCELIER DE L'HOPITAL.
MEMBRES DU CONSEIL.
PROTESTANS de la suite de Coligni.
COURTISANS.
PAGES.
GARDES.

La scène est dans Paris, au château du Louvre.

CHARLES IX,

OU

LA SAINT-BARTHÉLEMI.

ACTE PREMIER.

SCÈNE I.

COLIGNI, HENRI.

COLIGNI.

Oui, j'ai quitté pour vous les bords de la Charente.
Ainsi le désira votre mère expirante;
Ses desirs sont mes lois; ses ordres sont suivis :
Par zèle et par devoir je m'attache à son fils.
Parmi les courtisans je viens sans confiance;
De leur génie affreux j'ai trop l'expérience;
Je crains que l'avenir ne ressemble au passé :
Par un assassinat la paix a commencé.
N'importe : Coligni, défiant, mais sincère,
Va signer aujourd'hui cette paix nécessaire :
J'oublirai mes périls pour vos félicités.
Mais vous, qui, sur ces bords si long-temps attristés,
Ramenez les plaisirs et la douce alégresse,
Vous, mon héros.... mon fils, dont l'heureuse jeunesse
N'a point acquis le droit de craindre les humains,
Lorsqu'un hymen brillant sourit à vos destins,

Lorsque vous paraissez, dans la pompe des fêtes,
Un astre bienfaisant qui calme les tempêtes,
Quel chagrin, de vos jeux interrompant le cours,
Vient obscurcir l'éclat répandu sur vos jours?

HENRI.

Il est de ces instans où l'ame anéantie
D'un sinistre avenir paraît être avertie;
Et souvent en effet ces secrètes terreurs
Des désastres prochains sont les avant-coureurs.
Je goûte des plaisirs empoisonnés d'alarmes;
Au milieu de ces jeux dont vous vantez les charmes,
Dans l'épaisseur des nuits, aux momens du repos,
Dans le lit nuptial, je me peins des complots,
Le poison terminant les jours de votre frère,
Et peut-être au tombeau précipitant ma mère,
Des crimes, des malheurs, et les champs odieux
Où Condé, ce grand homme, expira sous nos yeux,
D'un carnage éternel nos régions fumantes,
Et des princes lorrains les intrigues sanglantes,
Vos amis et les miens, victimes des traités,
Au milieu de la paix proscrits, persécutés,
Dans les murs de Vassi massacrés sans défense,
Accusant leur trépas inutile à la France.
Le dirai-je? un prodige augmente mon effroi:
Hier nous commencions, d'Alençon, Guise, et moi,
Ces jeux qui sembleraient réservés à l'enfance,
Où, toujours agité par l'avide espérance,
Un oisif courtisan, consumant son loisir,
Perd ses biens et le temps sans trouver le plaisir.
Trois fois j'ai repoussé le trouble qui me presse;
Apprenez, dussiez-vous condamner ma faiblesse,
Ce que j'ai vu, sans doute, ou ce que j'ai cru voir,
Ce que moi-même enfin je ne puis concevoir,
Ce qui s'offre sans cesse à mon ame éperdue,
Trois fois les dés sanglans ont effrayé ma vue.

COLIGNI.

Sire, l'aspect d'un Guise a fasciné vos yeux:
Les Guises ont toujours ensanglanté ces lieux:

Mercenaire instrument de leur haine homicide,
Maurevel a sur moi porté sa main perfide :
A des pièges mortels ils ont déjà recours ;
Au sein du Louvre même ils achètent mes jours.
Ils règnent. Vous savez si je dois les connaître.
Croyez-moi cependant, Bourbon ne doit pas être
Un de ces rois sujets des superstitions,
Enfans qui du sommeil gardent les passions,
Et qui, sur les projets qu'un songe leur inspire,
Risquent, à leur réveil, le destin d'un empire.
D'ailleurs, auprès du roi vos amis et les miens
Ont, même avant ce jour, trouvé quelques soutiens :
Du prudent l'Hôpital souvent la voix propice
Fit au sein des combats respecter la justice ;
De l'orgueilleux Lorraine il est vrai que le choix
L'a proclamé jadis ministre de nos lois :
Ce choix fut commandé par l'estime publique :
Mais des Guises bientôt lorsque la politique
Souillait de sang français un glaive ambitieux,
L'Hôpital opposait aux cris séditieux
Des desseins toujours purs, des conseils toujours sages ;
Et ce reste imposant des vertus des vieux âges
S'élevait, au milieu des courtisans surpris,
Comme un grand monument planant sur des débris.
Si Médicis, fidèle aux mœurs de ses ancêtres,
Rassemble auprès du roi des flatteurs et des prêtres,
Si d'une cour perfide il est environné,
Si de nos ennemis le souffle empoisonné
Voulut dès le berceau corrompre son enfance,
Je crois, j'aime à penser que pour notre défense
Son cœur mieux averti lui parlera toujours.
Du moins quand Maurevel attenta sur mes jours,
Charles vint s'affliger sous mon toit solitaire ;
Ainsi que vous, mon fils, il me nomma son père ;
Sa pitié consolante adoucit mes douleurs,
Et mes cheveux blanchis sont mouillés de ses pleurs.
Peut-être je n'ai point fléchi ma destinée.
L'ame de Coligni n'en est pas étonnée ;

Mon courage est à moi ; le reste est au hasard.
Je ne puis opposer à la fraude, au poignard,
Qu'un cœur inébranlable et quelque renommée :
Ce Louvre me verra tel que m'a vu l'armée,
Bravant les assassins jusqu'à mon dernier jour,
Et servant la patrie en méprisant la cour.

HENRI.

Que les lieux où jadis s'écoulait mon enfance
Avec un tel séjour ont peu de ressemblance,
Et combien je rends grace aux généreux humains
Qui des mâles vertus m'ont ouvert les chemins !
Je ne ressemblais point à ces princes vulgaires,
Confiés en naissant à des mains mercenaires,
Enivrés de respects, d'hommages séducteurs,
Livrés aux courtisans, condamnés aux flatteurs,
A l'art des souverains façonnés par des prêtres,
Et sans cesse bercés du nom de leurs ancêtres.
Au lieu de serviteurs à mes ordres soumis,
Je voyais près de moi des égaux, des amis :
Au travail, au courage, à la franchise altière,
On exerçait alors notre élite guerrière :
Là, bravant du midi les brûlantes ardeurs,
Ou des hivers glacés supportant les rigueurs,
Là gravissant les monts, et les rochers arides,
Nous formions notre enfance à des jeux intrépides.
De vous et de Condé suivant bientôt les pas,
Je remplaçai mon père au milieu des combats.
Enfin je suis entré dans une autre carrière.
A mes yeux tout à coup quelle image étrangère !
Des guerriers sans pudeur, de mollesse énervés,
Perdus par un vain luxe, avec art dépravés ;
Des femmes gouvernant des princes trop faciles ;
Aux passions d'un roi des courtisans dociles,
Que le seul intérêt fait agir et parler,
Sachant tout contrefaire et tout dissimuler.
En voyant leurs plaisirs, et leur fausse alégresse,
Et leurs vices polis, voilés avec adresse,
J'ai regretté cent fois nos grossières vertus,

Nos monts et nos rochers de frimas revêtus,
Les pénibles travaux, le tumulte des armes,
Et mes premiers succès, pour moi si pleins de charmes,
Et ces camps généreux où parmi des guerriers
Votre élève croissait à l'ombre des lauriers.

SCÈNE II.

COLIGNI, HENRI, L'HOPITAL.

L'HÔPITAL.

Sire, et vous, Coligni, c'est Charles qui m'envoie.
Ouvrez tous deux vos cœurs à la publique joie :
Lorraine à l'instant même arrive en ce palais,
Et selon vos desirs il a réglé la paix.
Tout le peuple à grands cris bénit cette journée :
C'est peu que d'un saint nœud la pompe fortunée,
Faisant cesser la haine entre deux jeunes rois,
Mêle au sang des Bourbons le sang de nos Valois ;
Cette douce union doit être cimentée
Par les liens communs d'une paix respectée.
On respire ; un jour pur se lève enfin sur nous :
Le bonheur des Français sera signé par vous :
Les arts consolateurs vont embellir nos villes ;
Ils feront oublier ces discordes civiles,
Où le fer, sans pudeur brisant tous les liens,
Verse des deux côtés le sang des citoyens.
A remplir cet espoir le jeune roi s'empresse :
Sa mère en a versé des larmes d'alégresse ;
Tous deux avec la cour vont se rendre en ces lieux :
Pour moi, dont cette cour a fatigué les yeux,
Moi, témoin trop tardif de quelques jours prospères,
Si proche du cercueil où m'attendent mes pères,
J'aurai vu le bonheur de la France et de vous,
Et mes derniers soupirs m'en paraîtront plus doux

COLIGNI.

O vertueux vieillard dont la gloire est chérie,

Vivez long-temps pour nous, vivez pour la patrie;
Soyez toujours l'oracle et l'appui des Français;
C'est à vous, l'Hôpital, que nous devons la paix;
Sans vous nous périssions; votre prudence active
Aux maux des deux partis fut sans cesse attentive.
Hélas! bien loin de vous, dans les jours du malheur,
Votre nom prononcé calmait notre douleur:
Votre image aux soldats était toujours présente;
Lorsqu'on leur annonçait une loi bienfaisante,
Ils disaient: L'Hôpital a dicté cette loi;
Mais quand ils apprenaient par le public effroi
Quelque édit révoltant, quelque grande injustice,
Ils disaient: L'Hôpital n'en est point le complice.

SCÈNE III.

CHARLES, CATHERINE, HENRI, COLIGNI, L'HOPITAL, LORRAINE, GUISE; PROTESTANS DE LA SUITE DE COLIGNI, COURTISANS, PAGES, GARDES.

CATHERINE, *bas à Lorraine.*

Flattons nos ennemis; ne nous trahissons pas:
Ce jour verra la paix, cette nuit leur trépas.

CHARLES.

Vous tous qui m'écoutez, soutiens de mon empire,
Dont le cœur généreux pour la France respire,
Un grand événement doit signaler ce jour,
L'olive dans la main, la Paix est de retour.
Fixons-la désormais par un traité durable.
Je signe le premier cet acte vénérable
Qui par tous les partis fut long-temps désiré:
Gage de nos sermens, qu'il soit toujours sacré;
A nos champs dévastés qu'il rende l'abondance;
Et qu'entre les enfans son heureuse influence
Fasse renaître encore en ce jour précieux
L'amitié qui jadis unissait leurs aïeux.

L'HÔPITAL.

Sire, d'un vieux Français laissez couler les larmes.
Hélas! quand vos édits répandaient tant d'alarmes,
Contraint de les signer, j'ai maudit mon emploi :
Il m'est cher aujourd'hui; je signe, après mon roi,
Une paix que mes vœux sollicitaient sans cesse.
Heureux de voir ce jour, je bénis ma vieillesse.
Après dix ans de guerre, ô France, ô mon pays,
J'ai vu finir tes maux : mes destins sont remplis.

CATHERINE.

En signant cette paix j'achève mon ouvrage.
Bourbon, jeune héros, dont le noble courage
Presque dès le berceau promit de grands destins,
Avec soin j'écoutai ces présages certains ;
Mon cœur vous désigna pour l'époux de ma fille.
Et vous, digne héritier d'une illustre famille,
Vous qui, des Châtillons surpassant les exploits,
Défendîtes long-temps le trône des Valois,
Soyez encor l'appui, non l'effroi de vos maîtres.
Le rang, les dignités, les biens de vos ancêtres,
Tout vous est aujourd'hui rendu par ce traité :
Rendez-nous votre cœur, votre bras indomté.
L'étranger, nourrissant nos guerres intestines,
A grossi son pouvoir fondé sur nos ruines :
Que ses lâches complots soient promptement punis,
Et que Philippe tremble en nous voyant unis.

LORRAINE.

Je signe avec transport. Coligni, daignez lire
Cet important traité qui doit sauver l'empire.
Les articles d'avance étaient réglés par vous :
J'ai respecté vos vœux, je les ai suivis tous.
Nos débats éternels affligeaient le ministre ;
Ils offraient au prélat un aspect plus sinistre ;
D'un scandale trop long mes yeux étaient lassés.
Que Dieu cesse de voir ses enfans dispersés
Perpétuer entre eux le crime de la guerre :
Que leur douce union console enfin la terre !
Français, chrétiens, pour nous la paix est un devoir.

GUISE.

La paix ! à ce nom seul tout se livre à l'espoir.
Je n'examine point si mon cœur la desire ;
Elle est le vœu du roi, c'est à moi d'y souscrire.
Marguerite, en passant sous les lois d'un époux,
Aurait pu m'inspirer des sentimens jaloux :
Seul peut-être aujourd'hui j'aurais droit de me plaindre :
Mais c'est la paix ; je signe, et, sachant me contraindre,
Pour l'intérêt public laissant mes intérêts,
Oubliant, dévorant mes déplaisirs secrets,
C'est au bien de l'État que je me sacrifie.

HENRI.

J'obéis au desir d'une mère chérie.
Son fils, la paix prochaine, et des nœuds éclatans,
Adoucissaient l'horreur de ses derniers instans.
Ma main n'a pu fermer ses mourantes paupières.
C'est au feu pâlissant des torches funéraires
Que j'ai de mon hymen allumé le flambeau,
Et l'autel m'attendait auprès de son tombeau.
Mais Coligni me reste ; et du moins elle laisse
Un guide à ma vaillance, un père à ma jeunesse.
Coligni m'a comblé de ses soins assidus ;
Avec ses intérêts les miens sont confondus.
De son cœur généreux si l'attente est remplie,
Je signe aveuglément, et sans peine j'oublie
Ces jours, ces temps affreux, où nos calamités
Croissaient à chaque instant, même par des traités.

COLIGNI.

Laissons ces souvenirs ; Coligni les déteste.
Ombres des Châtillons, c'est vous que j'en atteste,
Héros dont la franchise égalait la valeur,
Et qui m'avez frayé les routes de l'honneur ;
Vrais chevaliers français, mes aïeux, mes modèles,
Dont les lèvres, du cœur interprètes fidèles,
Ont fait au sein des cours parler la vérité ;
Vous, grands dans le bonheur, grands dans l'adversité :
C'est par vous, devant vous, que je jure à la France
De remplir de mon roi la sublime espérance.

Dans nos derniers combats plus d'un laurier cueilli
Avait long-temps orné mon front enorgueilli :
J'en rougis maintenant. Vous voyez cette épée ;
Sire, le sang français l'a trop souvent trempée :
Que ce sang précieux s'efface avec mes pleurs.
J'ai bravé vos édits, mes dangers, mes malheurs :
En vain sur tout l'État votre trône s'élève :
Nul pouvoir de mes mains n'eût arraché ce glaive ;
Il tombe : Coligni, vaincu par vos bienfaits,
Le dépose à vos pieds, et signe enfin la paix.

CHARLES.

Acceptez cette épée : à l'étranger fatale,
Elle a de mon aïeul armé la main royale :
Les soutiens de l'Autriche ont éprouvé ses coups ;
Pure de sang français, elle est digne de vous :
Aux mains de Coligni qu'elle reste invincible :
Mon aïeul la portait dans ce combat terrible
Qui sous le long effort de nos preux chevaliers
Des monts helvétiens vit tomber les guerriers.
Quittons ces lieux, madame, et préparons des fêtes,
Non telles qu'on en voit au moment des conquêtes,
Dans ces malheurs brillans qu'on nomme des succès,
Non ces jeux sans plaisir, ennemis de la paix,
Que célèbre l'orgueil, et non pas l'alégresse,
Mais des jeux embellis par la publique ivresse ;
Et d'un peuple enchanté que l'innocente voix
Calme le noir souci qui veille au cœur des rois !

FIN DU PREMIER ACTE.

ACTE DEUXIÈME.

SCÈNE I.

CHARLES, CATHERINE.

CATHERINE.

Mon fils, ce coup d'État nous est trop nécessaire.

CHARLES.

Mais le jour de la paix!

CATHERINE.

La croyez-vous sincère?

CHARLES.

Immoler tout un peuple!

CATHERINE.

Il s'agit de régner.

CHARLES.

Cet effroyable coup peut du moins s'éloigner.

CATHERINE.

Frappons cette nuit même.

CHARLES.

Ah! ma pitié l'emporte.

CATHERINE.

Vous aviez consenti.

CHARLES.

Je le sais, mais n'importe.
Ce n'était point, madame, à l'instant de frapper;
Je m'essayais moi-même, et j'osais me tromper:
Je m'abusais, vous dis-je: il n'est plus temps de feindre.
Je me croyais plus fort. Mais qu'avons-nous à craindre?
Ne précipitons rien: je veux que les esprits,

Egarés tant de fois soient toujours plus aigris,
Que la paix soit encore ou vaine, ou peu durable,
Que des chefs protestans l'ambition coupable
De la France à mes yeux prétende disposer;
Mais n'avons-nous enfin rien à leur opposer?
Si dans le fond du cœur ils sont encor rebelles,
Ceux qui m'ont défendu, ceux qui me sont fidèles
Mes amis.....

CATHERINE.

Il faut bien vous éclairer, mon fils:
Vous ignorez encor qu'un roi n'a point d'amis.
Je vous donne, il est vrai, des lumières fatales:
Mais de vingt nations parcourez les annales;
Vous trouverez partout d'infidèles sujets,
Rampant et frémissant sous le joug des bienfaits,
Ardens à trafiquer de la honte et du crime,
Prêts à vendre l'État et leur roi légitime,
A changer de devoir sitôt qu'un autre roi
Marchande imprudemment ce qu'on nomme leur foi.
L'intérêt fait lui seul les amis et les traîtres.
Prenez du moins, prenez leçon de vos ancêtres.
Sans remonter bien loin, le roi François-Premier
Fut un généreux prince, un noble chevalier,
Il enrichit Bourbon et le combla de gloire.
Bourbon devait sans doute en garder la mémoire:
Mais ce chef renommé, funeste à l'empereur,
Et qui dans ses cités répandait la terreur,
Flétrissant tout à coup le nom de connétable,
Devint pour l'empereur un appui redoutable,
Et contre les Français guidant leurs ennemis,
Eut l'exécrable honneur de vaincre son pays.
Ils se ressemblent tous: connaissez leur faiblesse,
Et sachez les domter à force de souplesse.
Tous ceux qui maintenant ont soin de vous venger,
Ceux-là même oseront un jour vous outrager.
Surtout, vous êtes jeune et sans expérience,
Craignez des protestans traités, paix, alliance.
Ils ne vous aiment pas, vous devez y compter:

Ils respirent, le mal ne peut plus s'augmenter :
Vous régnez.

CHARLES.

J'aurois dû, si le mal est extrême,
Commander mon armée et les punir moi-même.
Deux fois le duc d'Anjou, confondant leurs desseins,
Dans un sang criminel a pu tremper ses mains.
A tous les jeux obscurs d'une oisive mollesse
Vous avez cependant condamné ma jeunesse.
Vous n'aimez que mon frère, et je passe mes jours
A l'entendre louer, à l'admirer toujours.
Il règne, et c'est lui seul que tout mon peuple adore ;
Dans les dangers publics c'est lui seul qu'on implore ;
Il ne me reste plus qu'à recevoir ses lois.
Français comme mon frère, et du sang des Valois,
A leur gloire immortelle il me fallait atteindre :
Mais l'avez-vous permis ?

CATHERINE.

Et vous osez vous plaindre !
J'aurais pu pardonner des sentimens jaloux
Au jeune infortuné qui régnait avant vous.
Hélas! ce prince aveugle, à lui-même contraire,
Repoussait les conseils et le cœur de sa mère.
Vous ne me voyez pas vous confondre avec lui.
Que dans les champs guerriers d'Anjou soit votre appui ;
Un tel honneur convient à la seconde place.
Je sais que votre cœur, plein d'une noble audace,
A pour les grands exploits un penchant glorieux ;
Je sais que trop souvent on a vu vos aïeux,
Entourés au combat de sang et de poussière,
Dans leur propre péril jeter la France entière :
Pour moi, je les condamne, et le chef de l'Etat
Ne doit pas affecter les vertus d'un soldat.
Il est d'autres honneurs, il est une autre gloire,
Et l'art de gouverner vaut mieux qu'une victoire.
Nièce du grand Léon, fille des Médicis,
Dans ce chemin glissant je puis guider mon fils :
L'esprit qui les forma fut aussi mon partage ;

Et j'ai su, les Français m'en rendront témoignage,
Punir ou caresser suivant nos intérêts
L'orgueil séditieux de vos premiers sujets,
Feindre de voir en eux tout l'appui de la France,
Des honneurs les plus grands enfler leur espérance,
Renverser tout à coup cette gloire d'un jour,
Les flatter, les gagner, les tromper tour-à tour,
Et contre eux tous enfin, m'armant de leur faiblesse,
Régner par la discorde et diviser sans cesse.
Quand, durant votre enfance, on vit les protestans
S'unir contre la cour aux princes mécontens,
De Guise et de son frère élevant la puissance,
Je voulus arrêter le mal en sa naissance;
Mais devenus tous deux trop grands par mes bienfaits,
Ils régnaient dans ce Louvre, et je conclus la paix.
Je me fis des amis dans le parti contraire.
L'ambitieux Condé, s'éloignant de son frère,
Bon sujet un moment, mais afin d'être roi,
Crut m'acheter lui-même, et se vendit à moi.
Avec Montmorenci je vis enfin s'éteindre
Le nom des triumvirs qui n'était plus à craindre.
Ce vieux soldat, toujours contre moi déclaré,
Rejoignit dans la tombe et Guise et Saint-André.
Il existait encore des ligues insolentes:
Contraints de recourir à des trèves sanglantes,
Nous avons trop connu les différens partis:
Long-temps de leur pouvoir ils nous ont avertis,
Mon fils, et si bientôt vous n'agissez, peut-être
Ce Coligni bientôt deviendra notre maître.

CHARLES.

Qui? lui!

CATHERINE.

J'ai dit le mot: c'est à vous de penser
Si vous avez encor le temps de balancer.
Devant vous à l'instant ne viens-je pas d'entendre
Ses discours, ses conseils, ce qu'il ose prétendre?
Et n'avez-vous pas vu que son esprit jaloux
Veut m'écarter moi-même et dominer sur vous?

Le nom de la patrie est toujours dans sa bouche;
Mais de ses vains discours l'austérité farouche,
Trompant quelques esprits, ne peut m'en imposer;
Ses avis sont d'un maître; et j'ai dû supposer,
D'après tous ces combats où sans cesse il aspire,
Qu'il veut accoutumer le peuple à son empire.

CHARLES.

Je l'ai souvent pensé, je le sens, je le croi.

SCÈNE II.

CHARLES, CATHERINE, LORRAINE.

CATHERINE.

Ministre des autels, venez vous joindre à moi.
Vous savez que le jour où la paix fut conclue
La mort des protestans fut aussi résolue:
Et ce coup nécessaire au salut de l'Etat,
Punissant des mutins l'éternel attentat,
Des rives de la Seine aux bords de la Durance,
Devait purifier les cités de la France.
Notre espoir est trahi, nos vœux sont superflus:
Mon fils craint de régner; il veut et n'ose plus.
Ramenez, s'il se peut, sa jeunesse imprudente.

LORRAINE.

Quoi! sire, est-il bien vrai? quoi! votre ame flottante
Refuse d'obéir au vœu de l'Eternel!

CHARLES.

Si telle est en effet la volonté du ciel,
Celui de qui je tiens mon rang et ma puissance
Me trouvera toujours prêt à l'obéissance.
Cependant je ne puis concevoir aisément
Comment le roi des rois, le Dieu juste et clément,
Devenant tout à coup sanguinaire et perfide,
Peut ainsi commander la fraude et l'homicide;
Comment il peut vouloir qu'à l'ombre de la paix
Un roi verse à longs flots le sang de ses sujets.

Pontife du Très-Haut, c'est à vous de m'instruire.

LORRAINE.

Écoutez donc son ordre, et laissez-vous conduire.

CHARLES.

J'attends avec respect cet ordre redouté.

LORRAINE.

Le Dieu que nous servons est un Dieu de bonté;
Mais dans les livres saints s'il prêche l'indulgence,
Il commande souvent la guerre et la vengeance.
Sur le mont Sinaï, l'avez-vous oublié?
Étouffant les clameurs d'une indigne pitié,
Les enfans de Lévi, ministres sanguinaires,
Pour plaire au Dieu jaloux ont immolé leurs frères;
Et la faveur du ciel, apaisé désormais,
Sur les fils de leurs fils descendit à jamais.
S'il a tonné, ce Dieu, par la voix de Moïse,
Il emprunte aujourd'hui la voix de son église.
Pensez-vous qu'un monarque ait droit d'examiner
Ce que veut l'Éternel, ce qu'il peut ordonner?
Mais vous, roi très chrétien, vous de qui la jeunesse
Semble avoir obtenu le don de la sagesse,
Vous de tant de saints rois noble postérité,
De leur zèle héroïque avez-vous hérité?
Fils aîné de l'église, en vous l'église espère:
Éveillez-vous, frappez, et vengez votre mère.
Frappez, n'attendez pas que son sein déchiré
Accuse votre nom vainement imploré.
Craignez, jeune imprudent, de recevoir des maîtres;
Tremblez que, vous ôtant le rang de vos ancêtres,
Dieu ne vous fasse encor répondre de nos pleurs,
Et des maux de l'église, et de tous vos malheurs.

CHARLES.

Arrêtez! loin de moi cet avenir horrible!
Arrêtez! De mon Dieu j'entends la voix terrible!
Il m'échauffe, il me presse, il accable mes sens:
Eh bien! j'obéirai, c'en est fait, j'y consens;
Je répandrai le sang de ce peuple perfide;
Après tout, ce n'est pas le sang qui m'intimide:

Je voudrais me venger : mais ce grand coup porté,
Ma couron[ne] et mes jours sont-ils en sûreté?

CATHERINE.

Ils y seront alors.

CHARLES.

Vous avez ma promesse :
Mais, je dois l'avouer, soit prudence ou faiblesse,
J'aurais voulu choisir un parti moins affreux.
De mes prédécesseurs les ordres rigoureux
Ont souvent, je le sais, sous des peines mortelles
Interdit aux Français ces croyances nouvelles.
Je comptais rétablir les antiques édits;
Je voulais au conseil en proposer l'avis.

LORRAINE.

Il faut les rétablir, mais après la vengeance.
Des esprits toutefois gagnons la confiance;
Proposez votre avis. Vous allez effrayer
La moitié du conseil, surtout le chancelier.
Mais tout dissimuler serait une imprudence;
On peut se méfier d'un excès de clémence.
Proposez votre avis. Un si vaste projet
Veut de l'art, veut des soins, veut un profond secret.
Que l'Amiral trompé...

CHARLES.

Je le jure, et sans peine.
Je pourrai le tromper; je le sens à ma haine.
Il doit, vous le savez, me parler en ces lieux.

CATHERINE.

Oui, de projets, dit-il, importans, glorieux.

LORRAINE.

Quels que soient ces projets, il faut vous y soumettre.

CATHERINE.

Ne voulant rien tenir, vous devez tout promettre.

LORRAINE.

Enivrez-le d'espoir; qu'il ne puisse un instant
Ou voir ou deviner le piège qui l'attend.

CATHERINE.

Il vient. Retirons-nous.

SCÈNE III.

CHARLES, COLIGNI.

CHARLES.

Assez long-temps peut-être
Vous avez, Coligni, méconnu votre maître.
Vous recouvrez enfin, dans ce jour de pardon,
Le crédit, les honneurs dus à votre maison;
D'un frère fugitif je vous rends l'héritage,
Et toujours mes bienfaits seront votre partage.
Approchez-vous, mon père.

COLIGNI.

O mon maître! ô mon roi!

CHARLES.

D'écouter vos conseils je me fais une loi.
Oui, mon cœur les attend avec impatience.

COLIGNI.

Si j'ai repris mes droits à votre confiance;
Si ce glaive royal est remis à mon bras,
Je veux le mériter par de justes combats.
J'augmenterai sa gloire en vengeant nos misères:
Philippe et ses sujets sont nos vrais adversaires:
De l'univers entier Philippe détesté,
Vit heureux et paisible, et presque respecté.
Je ne chercherai point à vous compter ses crimes;
Jusque dans sa famille il a pris des victimes;
Carlos, avant le temps au tombeau descendu,
Jette un cri douloureux qui n'est pas entendu.
Le sang de votre sœur réclame la vengeance:
Maintenant savez-vous quelle est son espérance?
Déjà dans sa pensée il combat les Français.
Sur nos divisions il bâtit ses succès;
Le cruel dissimule, il observe, il épie
S'il pourra dans nos champs porter le glaive impie:
Si les jours sont venus où de perfides mains
Oseront jusqu'à vous lui frayer des chemins.

Quelques momens encore... et nous pourrions l'attendre!
A guider vos soldats si j'ose encor prétendre,
Oui, j'y prétends, surtout afin de le punir;
Dans ses affreux desseins je cours le prévenir
Mais il faut travailler au bien de la patrie.
Sire, n'employez pas, c'est moi qui vous en prie,
Retz, et Guise, et Tavane, et tous ces courtisans
Des malheurs de la France odieux artisans:
Recherchez un guerrier... faut-il que je le nomme?
Qui porte dans ses yeux le vœu d'être un grand homme.
Aux champs de la Belgique envoyez des soldats;
Henri sera leur chef, et d'autres sur mes pas,
S'avançant aussitôt le long des Pyrénées,
Prendront du Biscaïen les villes consternées.
Là jusques à l'hiver je bornerai mes coups;
Je veux m'y retrancher; et, si l'on vient à nous,
Ensevelir aux champs d'une autre Cérisolles
Ces restes si vantés des bandes espagnoles;
Puis, au sein de Madrid, cherchant un furieux,
Venger de votre aïeul les fers injurieux,
Le trépas de Carlos, Isabelle immolée,
Et par un oppresseur l'Espagne dépeuplée.

CHARLES.

Cette guerre est utile, et je n'en puis douter;
Mais avant d'entreprendre il faut se consulter.
Les armes des Français pourront-elles suffire
A combattre l'Espagne et le chef de l'Empire?
Ou bien de mes États ce dangereux voisin
Va-t-il contre Philippe épouser mon destin?
Pensez-vous qu'il oublie en faveur de la France
Et leurs communs aïeux et leur double alliance?

COLIGNI.

Philippe, croyez-moi, loin d'avoir son appui,
Malgré tant de liens, est étranger pour lui.
On sait depuis long-temps leur mésintelligence;
Et nous devons sans doute en fixer la naissance,
Aux temps où Charles-Quint, lassé de sa grandeur,
Nommant son fils monarque et son frère empereur,

Aux mains de ses neveux fit tomber en partage
La plus noble moitié de son vaste héritage.
Plaignez, plaignez Philippe, il n'a que des soldats;
L'amour de ses sujets ne le défendra pas;
Le Vatican sera son unique refuge.
Voulez-vous prendre aussi le Vatican pour juge?
Ah! si Rome oubliait qu'un roi de votre nom
Réduisit Alexandre à demander pardon,
Quand le Tibre et le Pô, fiers de notre vaillance,
Coulaient avec orgueil sous les lois de la France,
Il ne vous faudrait pas, imitant vos aïeux,
Perdre chez les Toscans des jours victorieux;
Et ces temps ne sont plus où l'Europe avilie
Craignait les vains décrets du prêtre d'Italie.

CHARLES.

Tant de sagesse est rare en des projets si grands;
Vous avez tout prévu; c'est assez, je me rends.
Courez venger l'État, l'honneur de mes ancêtres,
Et le sang de Carlos, et le sang de vos maîtres:
Montrez aux Castillans un nouveau Duguesclin;
Éteignez leur splendeur déjà sur son déclin;
Aux drapeaux des Français enchaînant la victoire,
De vos heureux desseins éternisez la gloire:
Par l'époux de ma sœur ils seront secondés;
C'est votre digne élève, et vous m'en répondez.

COLIGNI.

Sire, votre indulgence encourage mon zèle:
Oui, combattons l'Espagne et réglons-nous sur elle.
Dans ses hardis projets il faut lui ressembler,
Pour l'effacer un jour il la faut égaler.
Sachons, il en est temps, tout oser, tout connaître,
Et qu'à la voix d'un roi vraiment digne de l'être
Le commerce et les arts, trop long-temps négligés,
Par mes concitoyens ne soient plus outragés.
De ces fiers Castillans surpassons les conquêtes:
Les chemins sont frayés et les palmes sont prêtes.
Ce vaste continent qu'environnent les mers
Va tout à coup changer l'Europe et l'univers.

Il s'élève pour nous aux champs de l'Amérique
De nouveaux intérêts, une autre politique.
Je vois de tous les ports s'élancer des vaisseaux :
Tout s'émeut, tout s'apprête à conquérir les eaux.
L'Océan règlera le destin de la terre :
Le paisible commerce enfantera la guerre :
Mais, ramenant les rois à leurs vrais intérêts,
Le besoin de commerce enfantera la paix,
Et cent peuples rivaux de gloire et d'industrie,
Unis et rapprochés, n'auront qu'une patrie.
Le plaisir, instruisant par la voix des beaux-arts,
Embellira la vie au sein de nos remparts.
Ah ! de cet heureux jour qui ne luit pas encore
Du Tibre à la Tamise on entrevoit l'aurore...
L'art de multiplier, d'éterniser l'esprit,
D'offrir à tous les yeux tout ce qui fut écrit,
Renouvelle le monde, et dans l'Europe entière
Déjà de tous côtés disperse la lumière ;
L'audace enfin succède à la timidité,
Le desir de connaître à la crédulité :
Ce qui fut décidé maintenant s'examine,
Et vers nous pas à pas la raison s'achemine.
La voix des préjugés se fait moins écouter ;
L'esprit humain s'éclaire : il commence à douter :
C'est aux siècles futurs de consommer l'ouvrage.
Quelque jour nos Français, si grands par le courage,
Exempts du fanatisme et des dissensions,
Pourront servir en tout d'exemple aux nations.

CHARLES.

Si tels sont, Coligni, vos desirs magnanimes,
Si ces nobles projets, ces sentimens sublimes
Soutenaient votre espoir au milieu des combats,
Quel ascendant funeste a retenu vos pas
Sous des drapeaux français qui combattaient la France ?
Ah ! souvent j'ai maudit jusqu'à votre vaillance.
Votre nom tous les jours arrivait jusqu'à moi,
Prononcé par la haine et le public effroi.
Les pleurs de mes sujets empoisonnaient ma vie :

Fatigué de grandeurs, tel inspire l'envie,
Dont les secrets ennuis méritent la pitié.
Qu'importe le pouvoir sans la douce amitié?
Coligni, si mon cœur avait su vous connaître,
Ce cœur infortuné la sentirait peut-être;
Près de vos cheveux blancs elle aurait pu remplir
Mes inutiles jours perdus à vous haïr.
Que n'avez-vous franchi la barrière importune
Qui du sort d'un héros séparait ma fortune!
Qu'aisément mon courroux eût été désarmé!

COLIGNI.

Ce palais, votre cœur, tout nous était fermé.
Excusez ma franchise à la cour étrangère;
Vous n'en redoutez point le langage sévère.
Eh bien, souffrez encor un avis généreux;
De tous ceux que m'inspire, en ce moment heureux,
A vous, à votre État, mon dévouement sincère,
Ce sera le dernier, mais le plus nécessaire:
Sire, on vous a trompé; vos édits inconstans,
Scellés presque toujours du sang des protestans,
Ont annoncé chez vous un cœur faible et mobile,
Dont pourrait abuser quelque imposteur habile.
Evitez les malheurs des rois trop complaisans;
Ne laissez point sans cesse au gré des courtisans
Errer de main en main l'autorité suprême;
Ne croyez que votre ame, et régnez par vous-même;
Et si de vos sujets vous desirez l'amour,
Soyez roi de la France et non de votre cour.
Que sous de justes lois le peuple enfin respire:
Il fait par ses travaux l'éclat de votre empire,
Il cultive nos champs, il défend nos remparts;
Mais un voile ennemi vous cache à ses regards;
Mais tandis qu'il se plaint, son monarque sommeille,
Et ses cris rarement vont jusqu'à votre oreille.

CHARLES.

Croyez que désormais ils seront écoutés:
Je saurai mettre un terme à nos calamités.
Allez; à vos amis portez-en la nouvelle.

Gardez cette franchise et ce vertueux zèle.
Régner par vos avis est mon vœu le plus doux

COLIGNY.

Le mien est de mourir pour le peuple et pour vous.

SCÈNE IV.

CHARLES, CATHERINE, LORRAINE, GUISE, COURTISANS, GARDES, PAGES.

CATHERINE.

N'éprouvez point, mon fils, d'effroi pusillanime,
Vous voyez devant vous les ennemis du crime :
Oubliez auprès d'eux les discours d'un pervers.

CHARLES.

De l'État déchiré finir les longs revers,
Me servir, me défendre, est sa seule espérance.

CATHERINE.

Ou son prétexte au moins.

CHARLES.

Il semble aimer la France ;
Il a ce ton brûlant, ce ton de vérité
Qui par les imposteurs n'est jamais imité.
Et cependant j'éprouve un pouvoir invincible
Qui rend à ses discours mon cœur inaccessible ;
Je sens que près de lui ce cœur intimidé
Est convaincu souvent, mais non persuadé.
L'habitude fait tout : je le hais dès l'enfance ;
Son zèle m'est suspect, il me pèse, il m'offense ;
Soit que la vérité, pour éclairer les rois,
D'un ami qui leur plaît doive emprunter la voix,
Soit que de vos conseils l'autorité m'entraîne,
Soit plutôt que du ciel la bonté souveraine,
Au moment du péril me daignant avertir,
D'un perfide ennemi cherche à me garantir.

CATHERINE.

Oui, c'est la voix du ciel ; c'est la voix de la gloire :

Si vous voulez régner, c'est à vous de les croire.
Du coup qu'on va frapper au milieu de la nuit,
Vos regards, dès demain, recueilleront le fruit;
Et vous verrez ce peuple, inquiet, indocile,
Se réveiller soumis, respectueux, tranquille,
Rentrer par la frayeur sous les lois du devoir,
Et d'un roi qui se venge adorer le pouvoir.
Mais les momens sont chers; le jour fuit, le temps presse.
Amis, nous n'exigeons ni serment ni promesse:
Votre haine suffit.

LORRAINE.

Dieu parle; c'est assez.

GUISE.

Désignez les proscrits.

CATHERINE.

Ah! vous les connaissez.

LORRAINE.

Coligni.

GUISE.

Cette main punira le rebelle.

LORRAINE.

Téligni.

CATHERINE.

C'est son gendre et son appui fidèle.

GUISE.

Le Navarrois.

CHARLES.

Jamais. Vous m'en répondez tous.

CATHERINE.

Non, Guise.

CHARLES.

De ma sœur songez qu'il est l'époux.

CATHERINE.

Attenter à ses jours, c'est immoler ma fille.

CHARLES.

De saint Louis du moins épargnez la famille.

LORRAINE.

Sire, aucun n'agira contre vos volontés.

GUISE.

Meurent les protestans, les princes exceptés.

CATHERINE.

Des gardes toutefois veilleront sur les princes.

GUISE.

Les ordres souverains pour toutes les provinces...

CATHERINE.

Sont prêts et vont partir.

GUISE.

Où nous rassemblons-nous ?

CATHERINE.

Dans le Louvre, en ce lieu.

LORRAINE.

L'heure du rendez-vous ?

CATHERINE.

Minuit.

GUISE, *à voix haute.*

Minuit.

LORRAINE.

Les chefs ?

CATHERINE.

Guise, vous, et les prêtres.

LORRAINE.

Le signal ?

CATHERINE.

Un tocsin sonnant la mort des traîtres.

GUISE.

Les mots de ralliment ?

CATHERINE.

Dieu, Charles, Médicis.

GUISE.

Aurons-nous quelque signe empreint sur nos habits ?

CATHERINE.

La croix couleur de sang.

CHARLES, *dans le plus grand trouble.*

Sortons.

CATHERINE, *aux conjurés.*

Zèle et silence.

Retirez-vous ; le roi chérit votre vaillance.
(à Charles.)
Ne calmerez-vous point cette secrète horreur ?

CHARLES.

Ah ! si j'étais proscrit, j'aurais moins de terreur.

FIN DU DEUXIÈME ACTE.

ACTE TROISIÈME.

SCÈNE I.

LORRAINE, L'HOPITAL.

LORRAINE.

Le conseil en ce lieu va bientôt s'assembler ;
Au nom du bien public je voudrais vous parler :
Un discours libre et franc n'aura rien qui vous blesse ;
Qui dit la vérité l'écoute sans faiblesse.
J'aime votre vertu ; mais vous devez savoir
Qu'on peut, sans s'abaisser, respecter le pouvoir.
Le sort, vous opposant une injuste barrière,
Semblait des dignités vous fermer la carrière :
Vos talens par mon zèle ont été bien servis.

L'HÔPITAL.

Puisque le bien public vous dicte ces avis,
Vous n'entendrez de moi ni reproche ni plainte ;
Je veux même y répondre et m'expliquer sans feinte.
Quels ministres placés auprès d'un potentat
L'aideront à porter le fardeau de l'Etat,
Des sujets vertueux, éclairés, équitables,
Ou ces grands, au monarque, au peuple redoutables,
D'une auguste famille enfans dégénérés,
Flétrissant les aïeux qui les ont illustrés ?
Le sort m'a refusé, je ne veux point le taire,
D'un long amas d'aïeux l'éclat héréditaire ;
Et l'on ne me voit point, de leur nom revêtu,
Par dix siècles d'honneurs dispensé de vertu :

Mais je sais mépriser ces vains droits de noblesse
Que la force autrefois conquit sur la faiblesse.
Ah! Suger, Olivier, de qui les noms vantés
Seront de siècle en siècle à jamais répétés,
Aux postes les plus hauts s'ils ont osé prétendre,
Fut-ce par leur naissance? et dois-je vous apprendre
Que, s'élevant d'eux-même à ce rang glorieux,
Ils comptaient des vertus et non pas des aïeux?
Je ne me place point parmi ces grands modèles;
Mais s'il est dans l'État des citoyens fidèles,
Parmi les plus zélés, j'ose au moins le penser,
Et la France et vous-même avez dû me placer.

LORRAINE.

Il est vrai; je l'ai dit, je le redis encore,
Votre vertu m'est chère, et la France l'honore.
On pourrait toutefois.... pardonnez cet aveu;
Vos ennemis pourraient la soupçonner un peu:
Vos amis, qui comptaient sur votre expérience,
Osent vous accuser de quelque imprévoyance.
Depuis qu'en un tournoi l'ardent Montgommeri
Blessa d'un coup mortel l'infortuné Henri,
Nous voyons le torrent des guerres intestines
Semer les champs français de meurtre et de ruines;
La paix a de nos maux trois fois rompu le cours,
Et toujours étouffés ils renaissent toujours.
Il faut détruire enfin ces germes homicides:
Mais vous ne donnez, vous, que des conseils timides;
Complaire tour à tour aux partis opposés,
Voilà dans tous les temps ce que vous proposez.
Unissons, dites-vous, protestant, catholique;
Et vous ne songez pas que votre politique
Fomente autour de nous des troubles éternels,
Qu'elle offense l'État, qu'elle insulte aux autels!
Ce projet trouverait un obstacle invincible:
On n'exécute rien quand on veut l'impossible.
Je ne demande point la guerre et les combats,
Ils n'ont que trop duré; mais dans tous les États
Il faut, et c'est à vous, monsieur, que j'en appelle,

Une religion constante, universelle,
Solide, et craignant peu le vain emportement
D'un peuple qui toujours se plut au changement.
Choisissons désormais. Ces deux cultes contraires
Enfanteraient encor des malheurs nécessaires;
Un seul doit réunir nos peuples et nos rois,
Et tous les protestans sont ennemis des lois.

L'HÔPITAL.

Ministre des autels, quelle est votre espérance?
Eh quoi! prétendez-vous renouveler en France
Les sanglans tribunaux à Madrid révérés?
N'enchaînez point les cœurs par des liens sacrés.
La vertu des humains n'est point dans leur croyance;
Elle est dans la justice et dans la bienfaisance.
De quel droit des mortels, parlant au nom des cieux,
Nous imposeraient-ils un joug religieux?
Comment déterminer la borne des pensées?
N'allez pas recourir à des lois insensées
Qu'une ignorante haine a pu seule établir:
Loin de les réclamer, on doit les abolir.

LORRAINE.

Ce n'est pas là du moins ce que le roi veut faire;
Il a mieux profité des leçons de sa mère:
Tous deux sont fatigués de nos dissensions,
Et je crois être sûr de leurs intentions.
Le roi peut ce qu'il veut.

L'HÔPITAL.

Quelle horrible maxime!
C'est ainsi qu'un monarque est traîné dans l'abîme!
Si Charles vous croyait... Juste ciel! j'en frémis!
Quoi! de leur liberté lâchement ennemis,
Je verrai les Français, martyrs du fanatisme,
Entre les mains des rois placer le despotisme!
Non, non; connaissez mieux leur puissance et nos droits:
Nous sommes leurs sujets, ils sont sujets des lois.
Il est, il est, monsieur, de ces princes sinistres,
Destructeurs d'un pouvoir dont ils sont les ministres;
Mais lorsque tout à coup dissipant leurs flatteurs,

Faisant évanouir les songes corrupteurs,
Le jour est arrivé, le jour de la vengeance,
Qui sous la main de Dieu va mettre leur puissance,
Un éternel affront les attend au cercueil;
L'horrible solitude accompagne le deuil;
Et souvent en secret, sous de lugubres marques,
Les peuples ont béni le trépas des monarques.
Ne cachez point au roi que parmi ses aïeux
Il est des noms sacrés et des noms odieux.
Louis-Neuf à jamais laisse un modèle auguste:
Il fut brave et pieux, et surtout il fut juste;
Ses fautes sont du temps, ses vertus sont de lui;
La voix du monde entier le révère aujourd'hui.
Le fils de Charles-Sept n'aima que les supplices:
Il redoutait son peuple et jusqu'à ses complices;
Fils et sujet rebelle, et roi dénaturé,
Il vécut, de flatteurs, de bourreaux entouré;
Sa sombre tyrannie entassait les victimes,
Et des prisons d'État il peuplait les abîmes.
Il fut craint; mais l'histoire a dans tout l'avenir
De haine et de mépris chargé son souvenir.

LORRAINE.

Oui, ce discours, sans doute, est un élan sublime:
On reconnaît toujours l'esprit qui vous anime,
Cet orgueil de sagesse et ce langage outré
D'un fougueux magistrat par le zèle égaré,
Qui, résistant au fils et jugeant les ancêtres,
Ose usurper le droit de condamner ses maîtres.
Finissons: mais je veux ne vous déguiser rien;
Le crédit qui vous reste est peut-être le mien;
Enfin vous me devez votre fortune entière;
Et lorsque Médicis, exauçant ma prière,
Remit sous le feu roi les sceaux entre vos mains,
Je suis, disais-je alors, garant de ses desseins;
Du seul bien de l'État son ame est occupée.
Elle m'a cru, monsieur.

L'HÔPITAL.

Et l'avez-vous trompée?

LORRAINE.

Peut-être, puisqu'enfin vous osez aujourd'hui
Vous armer contre nous et braver votre appui.

L'HOPITAL.

Non, vous ne croyez pas qu'en effet je vous brave.
Mais j'étais un ami; vous vouliez un esclave.
Si le rang que j'occupe est un de vos bienfaits,
Si je vous dois beaucoup, je dois plus aux Français.
Il fallait enchaîner les discordes civiles,
Fixer des droits rivaux les bornes difficiles,
Et quand tous les partis ont méconnu les lois,
Faire entendre partout leur inflexible voix.
Pour appui dès long-temps n'ayant que mon courage,
Partout, jusqu'à ce jour, j'ai fait tête à l'orage;
J'ai tâché d'accomplir ou de montrer le bien,
D'être sujet, monsieur, mais d'être citoyen;
D'éclairer le monarque, et non pas de lui plaire.

LORRAINE.

Le roi vient. (*à part.*) Je crains peu cette vertu sévère.

SCÈNE II.

CHARLES, CATHERINE, L'HOPITAL, LORRAINE, GUISE, AUTRES MEMBRES DU CONSEIL.

(*Les gardes et les pages accompagnent le roi au conseil, et se retirent.*)

CHARLES.

Prenez place, messieurs; parlez, éclairez-moi:
Ecouter ses sujets est le devoir d'un roi;
Aidez de vos conseils un prince qui vous aime;
Songez à mon empire et non pas à moi-même.
Dix ans déja passés, un édit important
Permit dans mes Etats le culte protestant.
Je veux qu'un tel édit fût alors nécessaire;
Mais il n'a pu donner qu'un calme imaginaire:
Vous le savez, madame, et de nos deux traités

Nous avons recueilli des fruits ensanglantés.
Un troisième est conclu : qu'il nous soit moins funeste !
On se repent ; je veux oublier tout le reste.
Au destin de ma sœur Bourbon vient d'être uni ;
De gloire et de bienfaits j'ai comblé Coligni :
Je vois l'homme d'État et non plus le rebelle ;
Je lui rends une estime, une amitié nouvelle :
Condé me sera cher, et tous mes vrais amis
Ne se compteront plus parmi leurs ennemis.
Ne vous alarmez pas ; mes bontés, je l'espère,
Vont les rendre aujourd'hui plus soigneux de me plaire.
Mais du moins il est temps de cimenter la paix ;
Il est temps qu'un édit prescrive à mes sujets
De rentrer dans le sein de l'église éternelle.
A cette auguste loi s'il est quelque infidèle,
Par son juste trépas c'est à moi de venger
Rome, et ce Dieu puissant que l'on ose outrager.

CATHERINE.

Rendez, rendez, mon fils, au trône, à la patrie,
A la religion, sa majesté chérie.
Le temps calmera tout. Ne croyez pas pourtant
Être approuvé d'abord de ce peuple inconstant :
Non, jusques aux bienfaits, tout lui paraît à craindre ;
Il ne voit que des maux, et veut toujours se plaindre.
Ses cris vous parviendront : c'est à vous d'achever :
Sachez le mépriser, mon fils, et le sauver.

LORRAINE.

Sire, du cœur des rois c'est le ciel qui dispose ;
C'est lui qui vous inspire, et vous vengez sa cause :
Il bénira vos jours. Tel est mon sentiment.

GUISE.

Si l'on peut en effet s'expliquer librement,
Sire, après nos malheurs renouvelés sans cesse,
J'oserai demander pourquoi tant de faiblesse,
Pourquoi tous ces traités que je ne conçois pas.
Un poison dangereux infecte vos États ;
L'amour de la discorde et des choses nouvelles
Enhardit contre vous un amas de rebelles.

Ah! si l'on eût daigné leur imposer des lois!
Votre frère à mes yeux les a vaincus deux fois :
Sire, je lui connais des rivaux en courage ;
Mais vous ne voulez pas consommer votre ouvrage.
Peut-être aurez-vous lieu de vous en repentir :
Il faudrait les dompter, et non les convertir.

LORRAINE.

Il faut des saintes lois implorer la puissance,
Punir, épouvanter la désobéissance,
Et non tenter encor le hasard incertain
D'une éternelle guerre, où le sang coule en vain.
Sire, un mal violent veut un remède extrême :
L'Etat trop divisé s'est affaibli lui-même ;
Et si l'on veut guérir sa funeste langueur,
Dix combats feront moins qu'un instant de rigueur.
Soyez semblable au Dieu que le monde révère ;
Montrez-vous à-la-fois indulgent et sévère,
Avec le châtiment présentez le pardon :
Dans vos devoirs sacrés le zèle et l'abandon,
Les soins reconnaissans, la piété soumise,
Sauront vous acquitter des bienfaits de l'église.
Ecoutez, chérissez les ministres du ciel ;
Tout le pouvoir du trône est fondé sur l'autel.
De Pepin jusqu'à vous Rome et les rois de France
Conservèrent toujours une étroite alliance ;
Ainsi de jour en jour votre puissant Etat
A vu par le saint siège augmenter son éclat.
Il est temps de calmer sa longue inquiétude :
Dieu jusque dans les rois punit l'ingratitude.

CHARLES, *au chancelier.*

Vous vous taisez, monsieur?

L'HÔPITAL.

Sire, permettez-moi...

CHARLES.

Ainsi vous refusez d'éclairer votre roi!

L'HÔPITAL.

Eh bien! vous le voulez, je romprai le silence.
On parle du saint-siège et de reconnaissance.

Est-il d'ingratitude où le bienfait n'est pas ?
Je pourrais vous citer des pontifes ingrats :
L'Europe a vu cent rois armés pour leur défense,
Et le sang des héros cimenta leur puissance.
Ces pontifes, cachés à l'ombre de l'autel,
Long-temps n'avaient ouvert que les portes du ciel.
Ils n'étaient que sujets : qui les a rendus maîtres ?
Ils doivent leurs États à l'un de vos ancêtres.
Quel usage ont-ils fait de ces droits contestés ?
Accumulant les biens, vendant les dignités,
Ils osent commander en monarques suprêmes,
Et d'un pied dédaigneux fouler vingt diadèmes.
Un prêtre audacieux fait et défait les rois :
Vos aïeux l'ont souffert ; mais voyez à sa voix
Jean-sans-terre quittant, reprenant la couronne ;
Sept empereurs chassés de l'église et du trône,
Forcés de conquérir la foi de leurs sujets,
Et dans Rome à genoux courant subir la paix.
Voyez Charles d'Anjou, le fils des rois de France,
Remplir du Vatican l'odieuse espérance :
Il vole, il sacrifie à d'injustes fureurs
Le reste infortuné du sang des empereurs ;
Et son ambition, cruellement docile,
Prépare à nos Français les vêpres de Sicile.
Un enfant, seul espoir de Naples et des Germains,
Conradin, vers le ciel levant ses jeunes mains,
Périt sur l'échafaud en demandant son crime,
Convaincu du forfait d'être un roi légitime.
A ce vertige affreux trois siècles sont livrés :
Toujours du sang, toujours des attentats sacrés,
Investiture, exil, meurtres et parricides,
Et l'anneau du pêcheur scellant les régicides.
Faut-il nous étonner si les peuples lassés,
Sous l'inflexible joug tant de fois terrassés,
Par les décrets de Rome assassinés sans cesse,
Dès qu'on osa contre elle appuyer leur faiblesse,
Bientôt dans la réforme ardens à se jeter,
D'un pontife oppresseur ont voulu s'écarter ?

C'est ainsi qu'au milieu des bûchers de Constance
Le schisme d'un moment puisa quelque importance ;
Ainsi que des prélats l'indiscrète fureur
Conquit trente ans de guerre et la publique horreur :
C'est ainsi que Luther, au Vatican rebelle,
Établit aisément sa doctrine nouvelle ;
Après lui c'est ainsi que l'austère Calvin
Dans Genève eut encore un plus brillant destin.
Il n'est qu'une raison de tant de frénésie.
Les crimes du saint-siége ont produit l'hérésie :
L'Évangile a-t-il dit : « Prêtres, écoutez-moi,
« Soyez intéressés, soyez cruels, sans foi,
« Soyez ambitieux, soyez rois sur la terre ?
« Prêtres d'un dieu de paix, ne prêchez que la guerre :
« Armez et divisez, pour vos opinions,
« Les pères, les enfans, les rois, les nations ? »
Voilà ce qu'ils ont fait.

LORRAINE.

Osez-vous, téméraire.....

CHARLES.

Ne l'interrompez pas. Continuez, mon père.

L'HÔPITAL.

Si Genève s'abuse, il la faut excuser :
Les yeux fixés sur Rome, on pouvait s'abuser :
Genève, récusant ce tribunal suprême,
Aura cru que le code inspiré par Dieu même,
Toujours cité dans Rome et si mal pratiqué,
Peut-être aussi dans Rome était mal expliqué.
Dussions-nous de Calvin condamner l'insolence,
Entre les deux partis l'Europe est en balance :
Et parmi vos sujets le poison répandu
Jusque dans votre cour déjà s'est étendu.
Ah ! quoique vos sujets, si vous devez les plaindre,
Sire, vous n'avez pas le droit de les contraindre ;
Le dernier des mortels est maître de son cœur.
Le temps amène tout, et ce n'est qu'une erreur ;
Et si quelques instans elle a pu les séduire,
L'avenir est chargé du soin de la détruire :

Mais affecter un droit qu'on ne peut qu'usurper !
Commander aux esprits de ne pas se tromper !
Non, non, c'est réveiller les antiques alarmes.
En lisant votre édit, tout va courir aux armes ;
Et vous verrez encor dans nos champs désolés
Par la main des Français les Français immolés ;
Après tant de traités les Français implacables,
Et contraints par vous-même à devenir coupables.
Citoyen de la France, et sujet sous cinq rois,
Sous votre frère et vous ministre de ses lois,
J'ai voulu raffermir ses grandes destinées :
Elle est chère à mon cœur depuis soixante années.
Sire, écoutez les lois, l'honneur, la vérité ;
Sire, au nom de la France, au nom de l'équité,
Par cette ame encor jeune et qui n'est point flétrie,
Au nom de votre peuple, au nom de la patrie ;
Dirai-je au nom des pleurs que vous voyez couler ?
Que tant de maux sacrés cessent de l'accabler :
Rendez-lui sa splendeur qui dut être immortelle ;
Votre vieux chancelier vous implore pour elle :
Ou bien, si ma douleur ne peut rien obtenir,
Je ne prévois que trop un sinistre avenir ;
Mais sachez que mon cœur n'en sera point complice.
Avant les protestans qu'on me mène au supplice.
Je condamne à vos pieds ce dangereux édit ;
Je ne puis le sceller ; punissez-moi : j'ai dit.

CHARLES.

Moi, je vous punirais ! Non, non, des traits de flamme
Tandis que vous parliez ont pénétré mon ame.
Chancelier, je vous crois, et je pleure avec vous ;
Oui, je veux adopter des sentimens plus doux ;
Oui, c'est la vérité ; je dois la reconnaître.
Oui, j'ai pu me tromper ; on m'égarait peut-être.

CATHERINE.

Vous croyez. . .

CHARLES.

Tout, madame. Ecoutez, chancelier.
(*Il lui parle à l'oreille*).

LORRAINE, *bas à Catherine.*

L'ouvrage de mes mains commence à m'effrayer.
D'un zèle ambitieux vous voyez le prestige.

CATHERINE, *bas.*

Ne craignez rien.

GUISE, *bas.*

Le roi...

CATHERINE, *bas.*

Ne craignez rien, vous dis-je.

CHARLES.

Adieu, madame. Et vous, chancelier, suivez-moi :
Le passé, l'avenir, tout me remplit d'effroi.
J'ai besoin d'un ami dont l'austère sagesse,
Sur le penchant du crime arrête ma jeunesse,
Et, fixant mon esprit trop souvent combattu
Par son exemple au moins me force à la vertu.

FIN DU TROISIÈME ACTE.

ACTE QUATRIÈME.

SCÈNE I.

CHARLES, PAGES, GARDES *dans l'enfoncement.*

Ou rester vertueux, ou devenir coupable !
Il est temps de choisir. Mais quel choix redoutable !
Vertueux, c'est risquer et mon trône et mes jours ;
Coupable un seul moment, je le serai toujours.
Moi, coupable ! quel mot ! L'humanité me touche :
Auprès du chancelier j'ai senti sur ma bouche
Voler l'aveu fatal d'un mystère d'horreur ;
Mais le secret terrible est rentré dans mon cœur.
Que me conseille-t-on ? d'exterminer des traîtres.
Je balance ? A-t-on vu balancer mes ancêtres ?
N'entends-je pas encor vanter avec éclat
Leurs forfaits illustrés du nom de coups d'État ?
Mon trône est cimenté du sang de leurs victimes ;
Avec ce bel empire ils m'ont légué des crimes,
Et mon œil voit partout leurs attentats écrits
Sur l'or ensanglanté qui couvre ces lambris.
On m'apprit avec soin leurs vengeances utiles,
Mais on ne m'apprit pas s'ils vécurent tranquilles ;
Et mon cœur me répond, par un cri douloureux,
Ils étaient criminels, ils furent malheureux.
Oui, je prends à témoin tout ce qui m'environne :
Le crime et le malheur sont assis sur le trône.
Coupable, c'est souffrir, souffrir plus que la mort,
Même avant le forfait on connaît le remord !

Et que souffriras-tu lorsque ta main fumante
Vers le ciel indigné se lèvera sanglante ?
Ah ! je verrai le sang me poursuivre en tout lieu ;
N'osant plus contempler ni les hommes, ni Dieu,
Je verrai l'avenir, vengeur des parricides,
L'avenir, soulevé contre les rois perfides,
Prononçant tous les jours son arrêt souverain,
Graver mon nom flétri sur des tables d'airain.
Non, point de repentir ! c'est un poids qui m'accable ;
Je ne porterai point l'affreux nom de coupable :
Laissons mon intérêt, résistons aux avis
D'une mère aux abois qui tremble pour son fils.
Je sens que la justice est un besoin de l'âme ;
La défense est de droit, la vengeance est infâme ;
On ne fait point la paix un poignard à la main,
Et l'intérêt d'un homme est toujours d'être humain.
(Il s'assied, et tombe dans une profonde rêverie.)

SCÈNE II.

CHARLES, CATHERINE, PAGES, GARDES.

CATHERINE.

(A part.) *(Haut.)*
Il est préoccupé.... Sire....

CHARLES.

C'est vous, madame !
Par le doux nom de fils que toujours je réclame,
Écoutez-moi.

CATHERINE.

Quel trouble agite votre cœur ?

CHARLES.

J'ai prescrit, je le sais, des actes de rigueur :
Je révoque aujourd'hui l'ordre de la vengeance.
Avant d'ensanglanter les cités de la France,
Avec plus de loisir je veux me consulter.

CATHERINE.

Les ordres sont partis, et vont s'exécuter.

CHARLES.

Qui les a fait partir? Quel est le téméraire...

CATHERINE.

Moi. J'ai tout commandé : punissez votre mère.

CHARLES.

Les ordres sont partis! O ciel! qu'ai-je entendu?

CATHERINE.

Il fallait vous sauver.

CHARLES.

Ah! vous m'avez perdu.
J'ai soumis à vos vœux ma volonté facile :
Vous abusez enfin d'un respect trop docile.
Las d'imposer silence à mes sens indignés,
J'ose vous demander si c'est vous qui régnez.

CATHERINE.

Non; mais si je régnais je punirais les traîtres;
Dans ma cour, au conseil, je n'aurais point de maîtres;
Je voudrais inspirer, non ressentir l'effroi;
Et la rébellion se tairait devant moi.

CHARLES.

J'en croirai l'Hôpital; son ascendant m'entraîne.
Gardes, de tous côtés cherchez Guise et Lorraine;
Dites-leur qu'en ces lieux c'est moi qui les attends.
Courez.

CATHERINE.

Le ciel vous laisse encor quelques instants :
Coligni vous menace; il va frapper... N'importe.
Pour moi, je fuis des lieux où son pouvoir l'emporte;
Vous n'y gouvernez plus, ils me sont odieux.

CHARLES.

Expliquez-vous.

CATHERINE.

Je pars. Recevez mes adieux.

CHARLES.

Vos adieux?

CATHERINE.

J'eus des droits à votre confiance :

Ces droits sont oubliés : vous craignez ma présence ;
Je dois vous épargner d'inutiles avis :
Je respecte mon roi, je vais pleurer mon fils.

CHARLES.

Vos adieux, dites-vous?

CATHERINE.

Tandis que l'on conspire,
Séduit par un vieillard, vous exposez l'empire.
Le péril vous entoure.

CHARLES.

Et vous m'abandonnez !

CATHERINE.

Je veux le prévenir, et vous me soupçonnez !

CHARLES.

Demeurez dans ma cour.

CATHERINE.

J'y deviens étrangère ;
Le fils le plus chéri craint aujourd'hui sa mère.
L'ambition souvent égare des sujets :
Si je veux vous tromper, où tendent mes projets?
De votre chancelier je connais la prudence ;
Mais ce faste imposant de sa vaine éloquence
Ne peut-il attirer quelque soupçon sur lui ?
On a moins de chaleur en parlant pour autrui.
Vous ne concevez pas quel intérêt l'anime?
La France, dont jadis il mérita l'estime,
Le croit de l'hérésie un défenseur zélé,
Et son penchant secret nous est trop révélé.

CHARLES.

Restez auprès de moi, soyez toujours mon guide.

CATHERINE.

Mon fils, votre inconstance autrement en décide.

CHARLES.

Non, je garde pour vous les mêmes sentimens.

CATHERINE.

Les Guises vont se rendre à vos commandemens.

CHARLES.

Eh bien?

CATHERINE.

Des protestans servirez-vous la rage ?

CHARLES.

Ma mère !

CATHERINE.

Laissez-moi consommer mon ouvrage.

CHARLES.

Ah ! que demandez-vous à mon cœur tourmenté ?

CATHERINE.

Un peu de confiance, un peu de fermeté.
N'êtes-vous pas instruit par des sujets fidèles ?
Avez-vous oublié que le chef des rebelles,
Pour d'utiles forfaits renonçant aux combats,
De vous, de votre mère a juré le trépas ?
Il a dans Orléans fait son apprentissage ;
Sur le père de Guise il essaya sa rage.
Imprudent ! vous marchez parmi des assassins.

CHARLES.

Quand j'aurai prévenu leurs perfides desseins,
Si la publique voix contre moi se déclare,
Si les pleurs des Français me nomment roi barbare,
Au peuple accusateur répondrez-vous alors ?

CATHERINE.

Oui, je prends tout sur moi ; tout, jusqu'à vos remords :
Oui, j'accepte sa haine, et vous laisse la gloire.

CHARLES.

Vous remportez encor cette horrible victoire.
Ah ! puisqu'il est ainsi, puisque dans tous les temps
Vous rendez l'équilibre à mes esprits flottans,
Donnez-moi donc cette ame immuable, intrépide,
Qui veut avec puissance, et que rien n'intimide.
Quand je suis loin de vous, j'appartiens à l'effroi ;
Les noirs pressentimens s'assemblent près de moi :
Je crains le sort affreux d'un tyran d'Assyrie.
Israël égorgé tombait sous sa furie ;
Mais le ciel abrégea son empire inhumain :
Comme lui je crois voir une céleste main
Graver sur ces lambris ma sentence éternelle.

CATHERINE.

Si le ciel proscrivit sa tête criminelle,
Il s'armait contre Dieu ; vous vous armez pour lui :
Il méprisait ses lois ; vous en êtes l'appui.
Qu'importe le destin des tyrans infidèles ?
Charlemagne et Louis, voilà vos seuls modèles :
De leurs palmes un jour vous serez couronné ;
Et lorsqu'après un règne et long et fortuné,
Vous rejoindrez ces rois vainqueurs de l'hérésie,
Vous direz : Comme vous j'ai terrassé l'impie ;
Comme vous j'ai vengé l'église et les Français :
Les ennemis du ciel n'étaient plus mes sujets.

SCÈNE III.

CHARLES, CATHERINE, LORRAINE, GUISE, PAGES, GARDES.

LORRAINE.

Sire, qu'ordonnez-vous ?

CATHERINE.

Le jour fait place à l'ombre,
La douzième heure approche, et la nuit sera sombre,
Le roi vous a remis ses plus chers intérêts :
Peut-il compter sur vous ? vos amis sont-ils prêts ?

GUISE.

Tous. La nuit est tardive à leur impatience.

CATHERINE.

Entouré de sa cour notre ennemi s'avance.

CHARLES.

Je ne veux point le voir.

LORRAINE.

Calmez vos sens troublés.

CATHERINE.

Songez à la vengeance. Il vient : dissimulez.

SCÈNE IV.

CHARLES, CATHERINE, LORRAINE, GUISE, COLIGNI, HENRI, L'HOPITAL, PROTESTANS *de la suite de Coligni*, PAGES, GARDES.

COLIGNI.

On a signé la paix sans déposer les armes,
Sire; et des protestans écoutant les alarmes,
Je réclame pour eux le serment solennel
Prêté par vous, par nous, aux yeux de l'Eternel.
Ce prince généreux, devenu votre frère,
L'Hôpital, de nos lois le ministre sévère,
Et ceux qui m'ont jadis suivi dans les combats,
Ont voulu près de vous accompagner mes pas.
Au destin d'un ami leur grand cœur s'intéresse;
Ils ont tous entendu votre auguste promesse.
Mais un piége nouveau vient de m'être annoncé;
D'homicides clameurs m'ont déjà menacé:
On invente à plaisir un crime imaginaire;
Au sein de votre cour une main sanguinaire
Déjà, dit-on, s'apprête au plus lâche attentat,
Et veut par un seul coup renverser tout l'Etat.
Il s'agit de frapper....

CHARLES.

Qui donc?

COLIGNI.

Votre personne.

CHARLES.

Quel est le criminel?

COLIGNI.

C'est moi que l'on soupçonne.
D'habiles courtisans ont répandu ces bruits;
Ils veulent par ma mort en recueillir les fruits:
Je sais quels ennemis pensent ternir ma gloire,
Et je frémis... pour vous si vous daignez les croire.

CHARLES.

Moi ! je les croirais !

COLIGNI.

Non ; j'ose au moins l'espérer.
Devant vous cependant je dois leur déclarer
Que, depuis trop long-temps en butte à leur furie,
Je défendrai contre eux et ma gloire et ma vie.
Je n'ai pas prétendu céder par un traité
Le droit de m'égorger avec impunité.

CATHERINE.

Un monarque, un ami veille à votre défense :
Il s'attendait peut-être à plus de confiance.

COLIGNI.

Vous le voyez assez, mon cœur se fie au sien,
Puisque je viens, madame, implorer son soutien.

HENRI.

Paris, ce Louvre même est-il un sûr asile ?
On poursuit Coligni ; Maurevel est tranquille.
Ne peut-on découvrir cette puissante main
Qui sous les yeux du roi protége un assassin ?
Pourquoi les tribunaux, fermés à la justice,
Tendent-ils au coupable une égide propice ?
Aurait-on commandé le silence des lois ?
Quand j'ai lié mon sort à celui des Valois,
Mon ame à tant d'horreur n'était point résignée.
Quoi ! c'est dans le jour même où la paix est signée
Qu'on entend retentir des cris séditieux !
Et moi, de nos bourreaux complice officieux,
Contre un nœud que semblait commander la patrie,
De mes fiers compagnons j'échangerais la vie !
Ah ! plutôt de l'hymen éteignons les flambeaux.
Si la haine conspire et rouvre les tombeaux,
Si l'on n'a prononcé qu'un serment sacrilége,
Si la paix est un jeu, si l'hymen est un piége,
Imposez donc silence à ces chants criminels ;
Laissez là ces apprêts, ces festins solennels ;
Abjurez vos traités, la guerre est moins funeste.
Nous, d'un sang généreux vendons cher ce qui reste

Proscrits dans ce palais, sachons nous secourir :
Ce n'est qu'aux champs d'honneur que nous devons mourir.

GUISE.

Est-ce à vous qu'aujourd'hui conviendraient les reproches?
D'un crime près d'éclore où voit-on les approches?
Qui fonde vos soupçons? de vains cris? un faux bruit?
Quels sont les accusés?

COLIGNI.

Je vous crois mieux instruit.
Sur la foi du passé peut-être l'on s'abuse;
Mais d'un complot sinistre on soupçonne, on accuse
Guise, le plus cruel de tous nos ennemis,
Lorraine, et... je m'arrête.

CATHERINE.

Achevez.

COLIGNI.

Médicis.

CATHERINE.

Coligni, ce discours a droit de me confondre.
Dans la cour de mon fils on m'oblige à répondre!
Eh bien! je répondrai : j'ai conseillé la paix;
J'ai de tous les partis réglé les intérêts,
Sans vouloir cependant qu'aucun d'eux nous opprime;
J'aimai la France et vous, et voilà tout mon crime.
Mais, parmi les faux bruits qui vous ont alarmé,
Des sentimens du roi l'Hôpital informé
Pouvait tenter au moins de rassurer votre ame;
Il le devait peut-être.

L'HÔPITAL.

Et je l'ai fait, madame.

COLIGNI.

C'est au roi de parler. Sire, au nom de l'État
Daignez vous expliquer avec un vieux soldat.

CHARLES.

A mon trône ébranlé vous êtes nécessaire.
Celui qui fut long-temps mon plus grand adversaire,
Coligni, désormais brille entre mes soutiens.
Si vos drapeaux souvent ont combattu les miens,

C'est des troubles civils la suite accoutumée ;
Des Français à la France opposaient une armée :
Ces fautes sont du sort, je les veux excuser ;
C'est le malheur des temps qu'il en faut accuser.
Quand je ne me plains pas, nul n'a droit de se plaindre.

COLIGNI.

Envers nos oppresseurs cessez de vous contraindre,
Sire ; à vos courtisans puis-je opposer mon roi ?

CHARLES.

Vous le pouvez, sans doute, et j'en donne ma foi.

COLIGNI.

Eh bien ! je foule aux pieds leurs trames criminelles.

GUISE.

Nous verrons donc finir ces craintes éternelles ?

COLIGNI.

Je puis craindre à la cour, mais non pas aux combats ;
J'étais déjà fameux quand vous n'existiez pas.

GUISE.

Le soupçon ne convient qu'à des âmes timides.

COLIGNI.

Il faut bien malgré soi soupçonner des perfides.

GUISE.

Quant à moi, je ne vois qu'un traître dans ces lieux.

COLIGNI.

Il en est deux pourtant qui s'offrent à mes yeux :
Ce coup n'a point rempli leur cruelle espérance.

GUISE.

Celui qui l'a porté voulut venger la France.

CHARLES.

Guise !

COLIGNI.

Ah ! du meurtrier l'on a conduit la main.

GUISE.

Qui ?

COLIGNI.

Vous pourriez le dire.

GUISE.

Expliquez-vous enfin.

COLIGNI.

Vous.

GUISE.

Ce fer à l'instant...

HENRI.

Cruel ! qu'osez-vous faire?

COLIGNI.

Je l'attends.

GUISE.

Coligni, je vengerai mon père.

CHARLES.

Calmez-vous, amiral. Vous, Guise, respectez
Un vieillard, ma présence, et la foi des traités.

COLIGNI.

Vous ne punirez pas cet excès d'insolence?

CATHERINE.

Demain l'ambitieux gardera le silence :
Vous n'aurez point formé des souhaits superflus,
Et de vos ennemis vous [illegible] plus.

COLIGNI.

Adieu, sire. Excusez un [illegible]
Le fruit amer de l'âge et de l'[illegible].
Que votre cœur [illegible], il semble que ma voix
Se fait entendre à vous pour la dernière fois.
Le trône où vous régnez est entouré de piéges,
De guerriers assassins, de prêtres sacriléges.
Songez qu'ils réclamaient pour soutenir les [illegible]
Le secours des bourreaux et des inquisiteurs ;
Songez qu'à tous leurs [illegible] la trahison préside ;
Ces discours insolents... ce silence [illegible] ;
Sont le gage assuré du malheur des Français :
Les cruels ont deux fois ensanglanté la paix.
Pour moi, j'ai désiré de sauver votre empire ;
Mais à le renverser je vois que tout conspire.
Sur une cour barbare ouvrez enfin les yeux,
Et craignez, craignez tout de ce sang odieux.
Voilà vos ennemis ; voilà ceux de la France :
Si vous ne les chassez loin de votre présence,

Si vous ne les chargez de tout votre courroux,
Les Guises, croyez-moi, perdront l'État et vous.

SCÈNE V.

CHARLES, CATHERINE, LORRAINE, GUISE,
COURTISANS, GARDES, PAGES.

CATHERINE.
Il sort. Je vois entrer nos vaillantes cohortes.

GUISE.
Rangez-vous près du roi.

LORRAINE.
Fermez toutes les portes.

CHARLES.
Où donc est l'Amiral?

CATHERINE.
Illustres conjurés,
Des vengeances du ciel ministres révérés,
Que la rébellion, que le crime s'expie!
Le trône est attaqué par une secte impie.
Accusant chaque jour le trop lent avenir,
Vos cris semblaient hâter l'instant de la punir :
Votre juste fureur, trop long-temps retenue,
Peut éclater enfin ; la nuit, l'heure est venue :
Faites votre devoir ; et, comblant nos souhaits,
Sachez de votre roi mériter les bienfaits.

GUISE.
Sitôt que le signal se sera fait entendre,
Vous verrez qu'à ce prix nous pouvons tous prétendre.
Nous partirons, madame, aux accens de l'airain
Qui va sonner pour nous dans le temple prochain.
Ma main, je l'avoûrai, dans une nuit si belle,
Voudrait seule immoler tout le parti rebelle;
Mon cœur même conçoit un déplaisir secret,
Et, plein d'un tel honneur, le partage à regret.

Mes compagnons du moins sont dignes de me suivre,
De cueillir les lauriers que le destin nous livre,
Et, contre les proscrits dès long-temps animés,
De l'ardeur qui me brûle ils sont tous enflammés.

CHARLES.

Vous m'aimez, je le crois; vous servez votre maître:
Mais long-temps mon esprit, trop timide peut-être,
Conçut avec frayeur un si hardi dessein;
D'une amertume affreuse il remplissait mon sein:
Jusque dans mon sommeil la redoutable idée
S'offrait... Ne craignez rien, mon ame est décidée.
Puisque le ciel vengeur ordonne leur trépas,
Puisqu'au fond de l'abîme il entraîne leurs pas,
Puisqu'il faut opposer le parjure au parjure,
Puisqu'il s'agit enfin de la commune injure,
Du salut de mon peuple, et de ma sûreté,
Je ne balance plus, le sort en est jeté;

La cloche sonne trois fois lentement.

Versez le sang, frappez. Ciel! qu'entends-je? Ah madame!

GUISE.

Reine, c'est à vos soins de raffermir son ame.
Pour nous, le glaive en main, nous jurons à genoux
De venger Dieu, l'État, le roi, l'église, et nous.
Roi, chassez maintenant ces stériles alarmes:
Exhortez-nous, pontife, et bénissez nos armes.

La cloche sonne trois fois lentement.

Guise et tous les autres courtisans mettent un genou en terre, en croisant leurs épées. Ils restent dans cette position pendant le discours de Lorraine.

LORRAINE.

De l'église outragée humble et docile enfant,
Et créé par ses mains prêtre du Dieu vivant,
Je puis interpréter les volontés sacrées.
Si d'un zèle brûlant vos âmes pénétrées
Se livrent sans réserve à l'intérêt des cieux,
Si vous portez au meurtre un cœur religieux,
Vous allez consommer un important ouvrage

Que les siècles futurs envîront à notre âge.
Courez, et servez bien le Dieu des nations;
Je répands sur vous tous ses bénédictions.
Sa justice ici-bas vous livre vos victimes;
Sachez qu'il rompt au ciel la chaîne de vos crimes;
Par celui qui m'inspire ils vous sont tous remis,
Et son glaive est tiré contre ses ennemis.
L'église, en m'imprimant un signe ineffaçable,
Défendit à mes mains le sang le plus coupable:
Mais je suivrai vos pas, je serai près de vous,

(montrant et agitant un crucifix.)

Et Dieu même à la main je conduirai vos coups.
O tribu de Lévi, tribu sainte, immortelle,
Une seconde fois le dieu jaloux t'appelle.
Il est temps de remplir ses décrets éternels:
Couvrez-vous saintement du sang des criminels.
Si dans ce grand projet quelqu'un de vous expire,
Dieu promet à son front les palmes du martyre.

Le tocsin sonne jusqu'à la fin de l'acte.

CHARLES.

D'une héroïque ardeur mon cœur se sent brûler.
Acceptez, ô mon Dieu, le sang prêt à couler!

CATHERINE.

Il vous entend, mon fils, il reçoit votre hommage;
Venez, et de ces lieux présidez au carnage.

GUISE.

Et vous, suivez-moi tous. Amis, guerriers, soldats,
Au toit de Coligni courons porter nos pas.

LORRAINE.

C'est l'ennemi du trône et l'artisan du crime.

GUISE.

Qu'il soit de cette nuit la première victime.

LORRAINE.

Que tous les protestans, à-la-fois accablés,
Dans les murs, hors des murs, soient en foule immolés!

GUISE.

Périsse et leur croyance et le nom d'hérétique!

LORRAINE.

Et que demain la France, heureuse et catholique,
D'un roi chéri du ciel bénisse les destins,
Et l'ordre salutaire accompli par nos mains !

FIN DU QUATRIÈME ACTE.

ACTE CINQUIÈME.

SCÈNE I.

HENRI.

Quel signal effrayant tout à coup me réveille !
De sinistres clameurs ont frappé mon oreille,
Et de l'airain surtout les lugubres accens
D'une subite horreur ont glacé tous mes sens.
J'entends encore des cris. Ah ! Coligni peut-être
Succombe en ce moment sous le glaive d'un traître !
De ses persécuteurs l'implacable courroux
Peut-être en ce moment....

SCÈNE II.

HENRI, L'HOPITAL.

HENRI.

L'Hôpital, est-ce vous ?

L'HÔPITAL.

Sire...

HENRI.

Eh bien ?

L'HÔPITAL.

Apprenez...

HENRI.

Que me faut-il apprendre ?
Et d'où viennent les pleurs que je vous vois répandre ?

L'HÔPITAL.

Les protestans...

HENRI.

Parlez...

L'HÔPITAL.

Ils sont trahis, vendus.

HENRI.

Coligni....

L'HÔPITAL.

C'en est fait; Coligni ne vit plus.

HENRI.

Il ne vit plus! Comment! quel bras inexorable...

L'HÔPITAL.

Cent bras ont massacré ce vieillard vénérable.

HENRI.

Ah! courons le venger.

L'HÔPITAL.

Vous ne le pouvez pas :
Que dis-je? au sein du Louvre on observe vos pas;
Vous êtes prisonnier dans ce palais terrible.

HENRI.

Je n'attendais pas moins. O rage! ô nuit horrible!
Pressentimens affreux, vous voilà donc remplis!
Grand Dieu, laisseras-tu nos bourreaux impunis?

L'HÔPITAL.

Déjà la douzième heure assemblait les ténèbres;
L'astre des nuits, perçant des nuages funèbres,
Dispensant à regret une morne clarté,
Roulait au haut des cieux son disque ensanglanté;
Tout dormait : vos amis, bercés par l'espérance,
Et commençant à croire au bonheur de la France,
Bénissaient le sommeil et la paix de retour;
Mais le crime veillait au milieu de la cour.
Aux accens de l'airain sonnant les homicides,
Vomis par ce palais, des courtisans perfides,
Un poignard à la main, promènent le trépas,
Et scellent les traités par des assassinats.
On entend retentir ces clameurs fanatiques :

« Obéissez au roi; frappez les hérétiques. »
A ce signal d'horreur on voit les conjurés,
Respirant la vengeance et de sang altérés,
Courir en foule au crime où Guise les entraîne;
Les prêtres, plus cruels, sur les pas de Lorraine,
Tenant le bois sacré dans leurs profanes mains,
Encouragent au meurtre un peuple d'assassins:
Charles goûte à longs traits un plaisir sanguinaire,
Et cherche son devoir dans les yeux de sa mère.
C'est ici, près de nous, que le roi des François
Sous le plomb destructeur fait tomber ses sujets:
Médicis, le front calme, applaudit à ses crimes,
Exalte son adresse, et compte ses victimes.
Au milieu des poignards, des flambeaux, des débris,
Des membres dispersés, des feux, du sang, des cris,
Vous eussiez vu tomber ces fils de la patrie
Dont trente ans de combats ont respecté la vie;
Malgré ses cheveux blancs le vieillard immolé;
Après de longs efforts le jeune homme accablé,
Qui de son corps mourant protége encore un père;
L'enfant même égorgé sur le sein de sa mère;
Les uns percés de coups au moment du réveil;
Les autres, plus heureux, frappés dans leur sommeil;
Les époux massacrés dans les bras de leurs femmes;
Auprès de leurs enfans ceux-ci livrés aux flammes;
Du haut des toits en feu ceux-là précipités;
D'autres, en se sauvant, par le glaive arrêtés;
D'autres fuyant la mort dans les flots de la Seine,
Et retrouvant la mort sur la rive prochaine!
Mais déjà l'on pénètre au réduit sans éclat
Où Coligni pesait les destins de l'État.
Sur les sanglans degrés ses serviteurs périssent;
Les soupirs des mourans jusqu'à lui retentissent;
Il reconnaît la voix du jeune Téligni
Criant, « Je meurs; sauvez les jours de Coligni. »
Il se lève: en tous lieux les farouches cohortes
Le cherchaient. Le héros ouvre toutes les portes;
Au-devant des poignards il s'avance à grands pas,

Sans armes, mais plus fier qu'au milieu des combats ;
Seul, mais environné de soixante ans de gloire.
A l'aspect de ce front ridé par la victoire,
Remplis d'un saint respect, les assassins tremblans
Se prosternent en pleurs devant ses cheveux blancs ;
Ils jettent leurs poignards dégouttans de carnage.
Bême arrive, et du crime il leur rend le courage ;
Il les force à rougir d'un moment de vertu :
Sous tant de meurtriers le grand homme abattu
Expire en invoquant Charles qui les envoie.
Ce meurtre est annoncé par de longs cris de joie :
On part, un peuple impie et de rage enivré
Traîne dans les chemins son corps défiguré ;
Au bout d'un fer sanglant Bême expose sa tête ;
Il porte à Médicis cette horrible conquête.
Ce sang, ces cheveux blancs, ce front pâle, ces yeux
Levés pour implorer le tribunal des cieux,
Ces lèvres qui s'ouvraient pour demander vengeance,
Des bourreaux triomphans prononçaient la sentence.
Nos fils, et que le ciel, trop long-temps en courroux,
Daigne les rendre, hélas ! moins barbares que nous !
Nos fils détesteront des trames infernales ;
Liront en pâlissant nos sanglantes annales,
Avec un long effroi contempleront ces lieux,
Et maudiront les jours où vivaient leurs aïeux.
Pour moi, j'ai trop vécu : las de vertus stériles,
Je vais rendre au tombeau quelques jours inutiles,
Qu'à de vils assassins je ne dois plus offrir :
Le crime est sur le trône ; il est temps de mourir.

SCÈNE III.

CHARLES, CATHERINE, HENRI, LORRAINE, GUISE, COURTISANS, GARDES, PAGES *avec des flambeaux.*

CATHERINE.

Venez, vengeurs du ciel, soutiens de votre maître.

LORRAINE.

Le ciel est satisfait. Coligni fut un traître.

HENRI.

Lui ? Coligni !

GUISE.

Lui-même, et son cœur dès long-temps
Méditait...

HENRI.

Il est mort : n'êtes-vous pas contens ?
Vous l'égorgez, cruels ! et votre bouche impie
Ose encore attenter à l'éclat de sa vie !
Vous lui rendez justice ; un nom si glorieux
A mérité l'honneur de vous être odieux.
Voilà donc les héros, les soutiens de la France !
Quelle exécrable joie ! ou quelle indifférence !
Quoi ! je fais dans ce Louvre éclater mes douleurs
[illegible] Français qui réponde à mes pleurs !

CATHERINE.

D'un indigne regret si votre ame est atteinte,
Du moins....

HENRI.

N'attentez plus de servile contrainte :
Cet art, à nos Français si long-temps étranger,
De flatter sa victime avant de l'égorger,
Que ne le laissiez-vous au fond de l'Italie !
Cruelle ! ainsi par vous la France est avilie !
Ainsi vous flétrissez le nom de Médicis !
Vous renversez nos lois ! vous perdez votre fils !
Et vous de vos sujets destructeur inflexible,
Roi d'un peuple vaillant, bon, généreux, sensible,
Vous vous rendez l'effroi de ce peuple indigné,
Et, sur le trône assis, vous n'avez point régné.
D'un forfait sans exemple infortuné complice,
Vous n'éviterez pas votre juste supplice :
Il commence ; et je vois dans vos yeux égarés
Le désespoir des cœurs en secret déchirés.
Eh bien ! vous n'avez fait que la moitié du crime :
Je respire ; il vous reste encore une victime ;

Prenez-le. Mais bientôt le ciel va vous punir;
A vos sujets proscrits le ciel va vous unir;
Votre front est marqué du sceau de sa colère;
Un repentir tardif vous parle et vous éclaire.
Ce sentiment affreux, précipitant vos jours,
Au sein des voluptés en corrompra le cours;
Vous craindrez et la France, et vous même, et la vie;
A Coligni mourant vous porterez envie:
Le sommeil, ce seul bien qui reste aux malheureux,
N'interrompra jamais vos ennuis douloureux;
Pour de nouveaux tourmens vous veillerez sans cesse:
Et quand la mort viendra frapper votre jeunesse,
Vous chercherez partout des yeux consolateurs:
Et vous verrez, non plus vos indignes flatteurs,
Mais de vos attentats l'épouvantable image,
Mais votre lit de mort entouré de carnage,
Et votre nom royal à l'opprobre livré,
Et l'éternel supplice aux méchans préparé.
Vous répandrez alors des larmes impuissantes;
Vous gémirez: du fond des tombes menaçantes
Un cri s'élèvera vers le ciel offensé;
Et vous rendrez le sang que vous avez versé.

SCÈNE IV.

CHARLES, CATHERINE, LORRAINE, GUISE, COURTISANS, GARDES, PAGES *avec des flambeaux.*

CATHERINE.

Je ne prévoyais pas un tel excès d'audace:
A la mort échappé, l'imprudent vous menace!
Vous gémir! vous, mon fils! C'est à lui de trembler;
La main qui l'a sauvé peut encor l'accabler.

CHARLES.

Il a dit vrai.

CATHERINE.

Comment?

CHARLES.

J'ai commis un grand crime.

LORRAINE.

Un roi doit se venger du parti qui l'opprime.

CHARLES.

Je ne suis plus un roi; je suis un assassin.

CATHERINE.

Ah! tout vous inspirait cet important dessein:
Votre intérêt;

LORRAINE.

Le ciel;

GUISE.

L'éclat de votre empire.

CHARLES.

A me tromper encor leur perfidie aspire!
Les attentats des rois ne sont pas impunis.
Cruels! à mes tourmens soyez du moins unis.
C'est vous qui me coûtez des larmes éternelles.
Mes mains, vous le savez, n'étaient point criminelles;
Sans crainte et sans remords je contemplais les cieux:
Tout est changé pour moi; le jour m'est odieux.
Où fuir? où me cacher dans l'horreur des ténèbres?
O nuit, couvre-moi bien de tes voiles funèbres!

CATHERINE.

Mon cher fils...

CHARLES.

En ces lieux qui vous a rassemblés?
Attendez un moment; ne marchez pas; tremblez.
Pour qui ces glaives nus? quels sont vos adversaires?
Vous courez immoler, qui? vos amis! vos frères!
Arrêtez; je défends... Mais que vois-je, inhumains?
Quel meurtre abominable ensanglante vos mains!
Moi-même... Ah! qu'ai-je fait? Cruel, ingrat, perfide,
Parjure à mes sermens, sacrilége, homicide,
J'ai des plus vils tyrans réuni les forfaits,
Et je suis tout couvert du sang de mes sujets;
Ces lieux en sont baignés; sous ces portiques sombres
Des malheureux proscrits je vois errer les ombres:

Une invisible main s'appesantit sur moi.
Dieu! quel spectre hideux redouble mon effroi!
C'est lui; j'entends sa voix terrible et menaçante!
Coligni... Voyez-vous cette tête sanglante?
Loin de moi cette tête et ces flancs entr'ouverts!
Il me suit, il me presse, il m'entraîne aux enfers.
Pardon, Dieu tout-puissant, Dieu qui venges les crimes!
Toi, Coligni, vous tous, vous, trop chères victimes,
Pardon! si vous étiez témoins de mes douleurs,
A votre meurtrier vous donneriez des pleurs.
Des cruels ont instruit ma bouche à l'imposture;
Leur voix a dans mon ame étouffé la nature;
J'ai trahi la patrie, et l'honneur, et les lois:
Le ciel en me frappant donne un exemple aux rois.

FIN DE CHARLES IX.

IMPRIMERIE DE H. FOURNIER,
RUE DE SEINE, N° 14.

CONDITIONS.

Il paraîtra tous les lundis une pièce.

Prix : 25 centimes.

ON SOUSCRIT

Chez Achille DÉSAUGES,
rue Jacob, n. 5.

EN VENTE.

TARTUFE, com. en 5 actes de Molière.

LE FANATISME, trag. en 5 actes de Voltaire.

CHARLES IX, trag. en 5 actes de Chénier.

POLYEUCTE, trag. en 5 actes de P. Corneille.

SOUS PRESSE.

LE MARIAGE DE FIGARO, com. en 5 actes de Beaumarchais.

ESTHER, trag. en 3 actes de Racine.

LA MORT DE CÉSAR, trag. en 5 actes de Voltaire.

ATHALIE, trag. en 5 actes de Racine.

www.ingramcontent.com/pod-product-compliance
Ingram Content Group UK Ltd.
Pitfield, Milton Keynes, MK11 3LW, UK
UKHW031947260826
14628UKWH00004B/1914

9 782019 694906